D0110883

FLUYE, ALMA CREATIVA

Neysha Rodríguez Montalvo

FLUYE, ALMA CREATIVA

Primera edición, agosto 2021

©Neysha Rodríguez Montalvo, 2021

Producción editorial por Las Marías Estudio Editorial
www.lasmariaseditorial.com

Publicación independiente
PoD Amazon

ISBN: 979-85-17573-14-8

Para mis abuelas ancestras. Especialmente para mi abuela materna Carmen y mi abuela paterna Marta.

Para mi madre Cynthia y para mi hija Tziporah.
Las honro.

Para ti que me lees, te dedico cada verso que se hace uno con el uni-verso.

TABLA DE CONTENIDO

PRÓLOGO

La poesía siempre lleva un pedazo del alma del poeta. Es la expresión de los sentimientos convertidos en palabras, que fluyen desde nuestro ser interior hacia la superficie para llevarnos a un perfecto estado de paz.

Neysha, en su poemario *Fluye, alma creativa*, es un gran ejemplo de ese fluir de emociones, al que ella le añade anécdotas de su propia historia que nos llevan a comprender que todo lo que sale del interior ella lo convierte en poesía, haciendo evidente, a través de sus versos, su sensibilidad y amor hacia todo lo que la rodea.

Cuando la creatividad sale del alma deja al descubierto el dolor, el amor, la pasión, la angustia, la compasión y te invita a envolverte en el maravilloso estado de bienestar general que provoca el proceso de transformación interior, donde no existe espacio para el juicio, el enojo o la decepción. Como ella misma afirma en muchas de sus publicaciones en las redes sociales, es mucho más recomendable fluir que combatir. Cada lector podrá fluir dentro las olas de la sinceridad que Neysha nos ofrece en cada uno de los versos incluidos en este poemario.

Ana Delgado Ramos
Escritora y poeta

¿Por qué temer a lo que tu alma evoca?

MARIPOSA

Vuela mi niña;
me decía el azul del mar dominicano.

Vuela mi niña;
porque sola no estás en la pequeña embarcación.

Vucla mi niña;
confía en tu intuición.

Vuela mi niña;
atrévete a abrir tus alas y cantar la canción.

Vuela mi niña;
asciende hacia los cuatro vientos del inmenso océano.

COMPROMISO

El cielo vestido de algodón
recibe nuestro amor.
Reflejado en dos palomas
llenas de esplendor.
Hemos decidido perseverar
para juntos nuestros sueños alcanzar.
Enfrentando retos que no muchos
se atreven a pasar.
Nuestro día pronto llegará
para unirnos en un mismo despertar.
Siendo ese momento el que nos
llevará a construir nuestro hogar.
Viviendo experiencias que permitirán
que se cumpla el propósito divino.
Aquel que un día recibimos
en nuestro corazón unido.
Inspirado en la naturaleza
y en nuestro amor genuino.
Para ti, mi amado, Querido.

DETOX VIRTUAL

Reposa
Descansa
Me decía mi cuerpo

Desconéctate del exterior
para reconectar con tu interior.

Allí en esas primeras horas de la madrugada.
Sin comida aún en el sistema, permítete conectar
con tu alma.

Medita
Contempla

Dejando de pensar
y sin usar el celular.
Solo siendo funcional.

Escúchate
Abrázate

Abre tu corazón en ese espacio de sanación.
Donde tu detox virtual comenzó.

/ *Solo abre tu boca*

COMPASIÓN

Cambiar duele
se desgarra el velo y me veo sin máscara.
Cambiar duele
un profundo llanto me atraganta y siento calma.
Cambiar duele
mi cabeza pesada me dice que aún falta.
Cambiar duele
siento tu sufrimiento y no te miento.
Cambiar duele
porque sé lo que se siente vivir intensamente.
Cambiar duele
a veces solo un respiro es el desenlace del sufrido.
Cambiar duele
porque cuando conectas con tu corazón sientes
amor.
Cambiar duele
te comprendo y aquí estoy.

DIMENSIÓN INFINITA

Recuerdo esa noche estrellada
cuando quedé hipnotizada.
Me transporté a ese lugar,
sentía que las podía tocar.
Desde tierras chilenas
traspasé la cordillera.
Luego un salto cuántico
fue suficiente para llegar y brillar.

/ y expresa lo que sí te toca

LA ISLA ESPERADA

Montada en un bote
andaba de camino a la isla esperada.
Observaba el inmenso océano
con su variedad de azules
y los peces que del fondo llegaban.
Flotaba con la máscara
que me permitía verlos en su ecosistema.
Respiraba rápidamente
y podía escuchar los latidos de mi corazón.
Contemplaba los corales y el arrecife de colores.
Nadaba y como una sirena me integraba.
Caminaba en la blanca arena de la isla Icacos
a la que por fin llegaba.
Enamorada quedé por su prístina belleza
que recién explotaba.

DESEO PURO

Deseo puro, me dice un susurro.
Sí, la intención está y ya verás cómo se dará;
eso que tanto anhelas
llegará como un centinela.
Sí, lo vivirás y mágico será.
Solo continúa en calma,
sin presionarte,
solo amándote.

EL GRITO QUE NO QUISIERAS ESCUCHAR

¡Auxilio!
¡Agua!
¡Ayuda!

Fueron las palabras que escuché y jamás olvidaré.
Las voces desesperadas retumbaron en mis ventanas.
Unos cuantos pasos fueron suficientes para socorrerlos.

Mis vecinos se asfixiaban.
Agua y aire necesitaban.
Dos atesorados elementos que nos mantienen vivos.
Unos cuantos galones de agua y unas inhalaciones
ayudaron a las víctimas.
Sin embargo, nada hubiera sido posible sin la empatía
y la acción de unas manos amigas.

¡Auxilio!
¡Agua!
¡Ayuda!

Fue lo que recibieron dos vidas

que continúan respirando y agradeciendo.
Ahora recibo las calabazas,
los plátanos y las chinas de la cosecha de su tierra.
Ahora mi hija se alimenta de esos frutos recogidos
por unas manos que siguen viviendo.

/ y resuena con cada latido.

EL BESO

Mi corazón late
Larga noche
invita al derroche
Mi corazón late
labios puros, seductores
se muestran vectores
Mi corazón late
Conducen a la expedición
que me llevarán a una relación
deseosa de ese momento anhelado
junto al que será mi amado
Contemplaba a ese par
que chocan si cesar
Palabras fluyen
y mi corazón late
Me pregunto cuándo
será el encuentro
hasta que un abrazo
provoca el papazo
Confronta nuestras miradas
pupilas dilatadas

Finalmente se unieron los pares
que anuncian a los futuros padres
Mi corazón late

EL CORAZÓN QUE DEJÓ DE LATIR

Uno, dos, tres y cuatro

Me levanté entusiasmada,
el momento llegaba.
Tan solo escuchar el corazón de mi bebé deseaba.

Uno, dos, tres y cuatro

Acostada en mi cama estaba
lista para el sonograma,
pero algo raro en el ambiente se notaba.

Uno, dos, tres y cuatro

Tan solo esperé y las palabras del doctor escuché.
"No hay feto, y no hay bebé"

Uno, dos, tres y cuatro

Sorprendida me quedé, no sabía qué hacer.
Tan solo en llanto exploté.

Los brazos de mi hermana recibieron el golpe
que sacudió mi anhelo de ser madre.

Uno, dos, tres y cuatro

Y este relato aquí no acaba.
Tan solo unas semanas faltaban para que se depositara.
Pacientemente esperaba.
Ahora sí gestaba.
Y muy pronto se lograba.

Uno, dos, tres y cuatro
Y ahora esta familia es de cuatro.

MANOS DE UNA MAMÁ

Entre venas brotadas y marcas alineadas
siento el dolor de la carga pesada.
Noches sin dormir
por el esfuerzo de dar alimento para vivir
a mis crías a quienes muevo de lado a lado
hasta llegar al costado.
Los dedos recorren el seno que aprieto
para la producción del sustento.
Mis brazos recorren sus cabezas
y allí descansan las palmas con sus ramas.
Casi sin sentirlas ahí están las manos de una mamá.

/ *Eso que te estremece al hablar,*

POESÍA, MI REGALO

Regalo divino se me ha dado
desde antes que estuviera en el vientre de mi madre.
Letras fluyendo en mi esencia
siempre han estado. Solo que las había olvidado.
Sin embargo, cuando se reconecta con el alma
se regresa al origen.
De aquello que ya está en el ADN.
La poesía está impregnada
en cada célula de mi ser.
Y me ha ayudado a crecer, a sanar y a reconocer.
Todo lo bello que ya está en mi interior.
Expresado en letras hacia el exterior.
Compartiendo un pedacito del infinito.
Canalizando lo que ya no soy hacia lo que si soy.
Pura dicha, consciencia y amor.

SER MADRE

Ser madre
me estremece
el alma
de vivencias
que siguen grabadas
en mi piel.

Mi mayor sueño
ha sido un reto.
He decidido ir
tras la libertad
y para eso se
necesita lealtad.

¡Siendo una madre real!

Diciéndote
que he llorado
muchas veces
por no saber qué hacer.
Sin embargo,
se vuelve a sacudir mi ser.

Y en lo más profundo
renace la mujer.

Instintiva
llena de poder.

Y en mis entrañas
comienzo a gestar.
Y me pregunto:
¿qué será?
Simplemente
allí está.

La bravura
como las olas
que fuertemente
azotan.

Porque sí hay
que ser Brava
para ir en contra
de la corriente.
Pero lo damos
todo por un
pequeño
inocente.

Y digan lo que digan
sabes qué es lo mejor,
fuera de la razón,
porque late en tu
corazón.

HUMILDAD

Tan sensible y tan amable
como la flor joven que renace.

Lo das todo sin importar
el costo y así mismo
recibes todo
sin importar
el emisario.

Porque vives
desapegado;
solo sintiendo
desde el corazón
lo que llega con amor.
pero que tú alma necesita expresar.
Y cuando venga el torrente
desde el pecho
déjalo fluir
en el sollozo de tu lecho.
Mientras tus brazos se entrelazan
y tus manos tocan tus pulmones

para decirte aquí estoy.
Me abrazo,
me amo,
me cuido
y me valoro.

/ pero que tu alma necesita expresar.

ALMA CREATIVA

¿Quién eres?
¿El gallo cantando
o el gato caminando?

¿Quién eres?
¿El viento azotando
o el ruido susurrando?

¿Quién eres?
¿El perro ladrando
o el carro sonando?

¿Quién eres?
Siempre tan constante
como la luz de una
estrella brillante

Y me respondes,
simplemente,
Soy amante del ARTE

EL LLANTO

Siento y suelto
como un nudo en mi pecho
esa carga pesada que llega de la nada
Siento y suelto
ese mal sabor salado
que se postra en mi regazo
Siento y suelto
esa melodía lúdica
que sale de mi alma
Siento y suelto
ese escudo de protección
que libera el corazón
Siento y suelto
como un río que fluye
sin reproches

MENGUANDO

Menguando vas
sí, como el día deja la noche.
Menguando vas
sí, como las hojas dejan la rama.
Menguando vas
sí, como un pelo deja el cabello.
Menguando vas
sí, como un pétalo deja una flor.
Menguando vas,
sí, como un diente deja una boca.
Menguando vas
sí, como una pluma deja un ave.
Menguando vas
sí, como un alma deja un cuerpo.
Menguando vas
sí, porque aunque quieras aparentar
sabes que un día te irás.
Menguando vas

/ *Y cuando venga el torrente*

ESTRELLA

Me llaman desde niña
como llamas
que iluminan

Y allí de pie
recibo el brillo que
observo

Y en diagonal
juego
brinco
y llego

A la misma
brillante
estrella
del este

siempre
hasta
el final

firme
determinada
iluminada
así SOY

NUBES

Y por ahí vienes
formando figuras.
¿Quién eres?
¿Esculturas de aire
que se esconden?
Y me responden:
Somos
creadas
con tu
imaginación
intuición y
emoción

UNA NOCHE DE LUNA LLENA

Y escuché el grito
Deseo aullar contigo
cada ciclo.
Amamantar a los míos
en tu lecho
y sentir el torbellino
en mi cuerpo.
Ese que se genera
cuando mi
corazón se altera
en una noche de
luna llena

/ *desde el pecho*

MISIÓN

Cada madrugada
al despertar
abro la cortina
y siempre
hay una estrella que me ilumina.
Y es parte de mi familia.

Algún día nos encontraremos
en el puente y volaremos.
Será el viaje anhelado
que mi corazón ha deseado.
Sin embargo, sigo aquí
donde escogí venir.
Aquí donde la luz del día
me acompaña.
Aquí donde el canto de los pajaritos
me alegran.
Aquí donde el mar
me abraza.
Aquí donde una estrella
me conecta.

Tan solo una estrella
es suficiente para sentirte
y que me recuerdes
que debo seguir mi vida.

LEGADO

La noche se fue
el día llegó
y todo pasó.
Sí, lo vivido quedó
atrás nuestra realidad
ahora está
en el canto del pitirre
que escucho claramente
y en las hojas que se
mueven lentamente.
Y aunque casi el viento
no sienta
aquí estoy sentada
con mi libreta.
Una de las más de treinta.
Me sorprendo de todo
lo que escribo.
Es algo que fluye
tan natural
que no puedo parar.
Necesito continuar.

El legado voy a dejar.
Y todo se podrá validar.
Porque escrito está…

/ *déjalo fluir*

MOLDE DIVINO

Eres un reflejo en mí y yo soy un reflejo en ti.
¿Por qué te voy a mentir si es así?
No hay nada que juzgar,
pero sí podemos jugar para sanar.

No hay nada que confrontar, solo te quiero abrazar.

Y decirte que aquí estoy frente a ti.
Sin importar la etiqueta que te impusieron,
porque de la misma maqueta nos hicieron.

Ese molde divino está en ambos.
Así que vamos al mambo.

Si yo soy luz, tú eres luz.
Si yo soy amor, tú eres amor.
Si yo soy paz, tú eres paz.

Entonces, ya no hay separación,
solo hay integración.
Porque finalmente somos uno con la creación.

ATARDECER DE VERANO

Vas bajando y sutilmente nos vas dejando.
A la mitad te veo y sigues descendiendo.
La brisa fuerte del viento te va despidiendo.

Mientras el reino animal canta su nota final,
la Luna hace su entrada triunfal.

Un ciclo se abre y otro culmina. Y así, vamos viviendo
cíclicamente.
Aunque ni cuenta nos damos,
Aquí estamos,
en un planeta que gira y gira sin parar.

Sin embargo, me detengo firmemente a observarte.
Y es como si todo se detuviera
para tan solo contemplarte.

SOL-EDAD

Soledad
no tiene edad.

Solo espera
la libertad

De ese ser
cautivo

Que busca
la brevedad

del momento
emotivo

que conecta
con su identidad.

DÉJALO FLUIR

Por qué temer a lo que tu alma evoca.
Solo abre tu boca
y expresa lo que sí te toca
y resuena con cada latido.
Eso que te estremece al hablar,
pero que tú alma necesita expresar.
Y cuando venga el torrente
desde el pecho
déjalo fluir
en el sollozo de tu lecho.
Mientras tus brazos se entrelazan
y tus manos tocan tus pulmones
para decirte aquí estoy.
Me abrazo,
me amo,
me cuido
y me valoro.

/ *en el sollozo de tu lecho.*

ENCUENTRO ÁLMICO

Allí en las montañas urbanas me esperabas.
Jamás pensé que te conocería y te amaría.
Tan solo un instante fue suficiente.

La conexión divina nos acercó.
Eras dorada como el sol
Y al mirarme me iluminaron
tus ojos azules como el cielo.

Quedé sorprendida y enamorada
de tu prístina belleza.
Así eras tú, mi amiga perruna llamada Sol.
Jamás olvidaré nuestro encuentro álmico.

Gracias a ti mi empatía por los animales aumentó.

POST-MARÍA

Después del azote vino el rebote
y un mar de gente se levantó.
Todos dispuestos a ayudar
Sin importar la edad, ni género,
ni clase social, solo estaban listos para dar.

Lo vi con mis ojos maternales y lo sentí con mi
cuerpo acabado de parir.
Mi fuerza se intensificó y mi corazón brotó.

Y asimismo cada ser se unía a la red.
Pura consciencia y unidad se entretejía en esos días.
En cada rostro veía la esperanza.

A pesar de la tristeza o la incertidumbre,
llegábamos a la cumbre.
De ese magnoevento donde cientos de personas se
unieron en una sola voz.
Y gritamos: "Juntos somos más fuertes".

/ *Mientras tus brazos se entrelaza*

TRANSMUTANDO

Entra por la puerta oscura y encontrarás la cura
y, aunque te duela, recibirás la vela.

Encenderás la llama sagrada
y verás la medicina anhelada.
Pero continua, que el camino es largo,
sin embargo, cuando nos escuchamos
el trecho se acorta.

Porque sentimos la compasión
que brota del corazón.
Entonces seguimos caminando hacia las heridas
más profundas.
Y es allí donde te deleitarás al reconectar
con tu esencia y ver tu verdadera presencia.
La llama crecerá y la compartirás.
Porque sí, saldrás hacia la luz y te lo gozarás.

SOMOS UNA

Soy una
contigo Luna
y con cada una.

Mujer,
estés donde estés.
¿La ves?

Sin importar
la distancia;
siempre nos
conectará
la misma
Luna.
Porque somos una.

/ *y tus manos tocan tus pulmones*

MUJER LEO

Caminando vas, leona,
pura picardía llevas en tu cola.

Caminando vas, leona,
lluvia de ideas salpican
de tu melena roja.

Caminando vas, leona,
alma creativa me dicen tus ojos
que has vivido mucho en esta y otras vidas.

Caminando vas, leona,
siempre llenas de alegrías
nuestros días con tus ocurrencias.

Caminando vas, leona,
eres pura magia y el brillo traspasa.

LA MÍSTICA

Hace mucho no te veía.
Y estás tan bella como el primer día,
cuando te vi detenidamente y me enamoré.

La profundidad que hay en ti,
me lleva a viajar y conocerte más.
¡Eres tan mística!

Siempre transpirando amor.
Y ahora más que estás completa,
no dejaría de observarte y desearte una vida plena.

ENTRE LETRAS

Los pajaritos anuncian la hora mágica
entre el descenso de la noche
y el ascenso del broche divino que cierra un ciclo.

Y aquí estoy,
conectando con la maga y la genia.
Solo me inspiro y fluyo;
entre letras me desahogo
porque lo que hay en mí
es un torrente majestuoso de vivencias.

Y ahora mismo acabo de ver tu reflejo
en mi mesa de cristal
como diciéndome aquí estoy,
te acompaño en este andar de palabras
que se quedan impregnadas en el éter y el más allá.

/ para decirte aquí estoy.

SIN ALARMA

Sin alarma solo mi cuerpo se levanta,
se estira, para comenzar la jornada del día.

Me pide mi cafecito caliente.
Tan rico lo siento hasta en los dientes.

Esos que en fila engalanan la sonrisa de la mañana.
Y mis brazos como dos alas se liberan.

Cada hebra de mi cabello
emana la gratitud de lo nuevo.
Porque así es para mí cuando me levanto y te veo.
Divino, grandioso y majestuoso.
Así eres tú, mi sol Querido.

WIFI CÓSMICO

Entre el mosquito que me levantó
y la luna llena que me azotó
aquí estoy.

Contemplando una pequeña estrella fugaz
que perpleja me dejó.
A estas horas todo es así,
bien mágico.
Hasta el 4:44 se asomó
para recordarme mi conexión.

Ese wifi cósmico
que está en mí y me permite sentir.
Ese estado de consciencia que se genera;
cuando mi corazón se altera
en una noche de luna llena.

PARIEDAD

Siempre las veo
como dos ojos
o dos senos.

Una al lado de la otra
Muy firmes y brillantes.

Destinadas a seguir
la pariedad sin
importar la edad.

Solo son constantes,
Así como los lunares.

Nos indican
Las señales
Hacia el camino
Del firmamento eterno.

/ *Me abrazo,*

GOTAS DE LLUVIA

Las escucho,
caen y siguen
cayendo,
limpiando.

Nutriendo
Cuidando
Sin importar
a quien.

Solo caen
para dar
y no para
dañar.

CORAZONES UNIDOS

Las estrellas están en el cielo.
Las estrellas están afuera de mí y dentro de ti.
No, no estamos separados, sino juntos.
Porque tal amor nos conecta.
Porque tal belleza nos representa.

Tú eras la estrella del cielo.
Como yo era la luna.
El amor fluía e
iluminaba a todos.
Solo cuando abrí
mi corazón, yo vi
todo esto.

Y ahora lo compartimos
para que despiertes tu
alma. Y fluyamos
en esta nueva armonía.
que vibra desde tu esencia.
Y juntos en colectivo vivirla
desde el amor en este plano terrenal.

33 LUNAS

Hace 33 lunas en una menguante,
del año en que llegaron las supernovas,
aterricé aquí en el Planeta Tierra.

Con una misión muy específica y comprometida.
Escogí a una madre bondadosa
y a un padre creativo.

Mirándote hoy siento el recuerdo
de ese intenso momento.
Cuando estuve entre mundos paralelos.
Porque soy de aquí y de allá,
aunque a veces siento que soy más de allá.

Sí, se me ha hecho difícil encajar en esta burbuja,
pero como dice un gran sabio
"se hace camino al andar".
Y, asimismo, me he formado vespertinamente
como la estrella fugaz que sigue en mi mente.

Y aquí continúo en mi travesía,

la que escogí cuando atravesé
y me convertí en poesía.
El lenguaje del alma que me enamora y me calma.
Ese toque está en todos.
Solo hay que despertar al genio dormido
y decirle "hey, aquí estoy, vamos a crear
y armar el rompecabezas".

Fluyendo con el sentir del día a día
que me lleva a vivir.

me amo,
me cuido
y me valoro

ESPONTANEIDAD

Y de momento llegó
y se postró.

Diciéndome sólo hazlo
sin pensarlo.

Solo fluye desde tu corazón
Dejando un poco la razón.

Comparte lo que sientes
en este instante
y vive conmigo
este presente.

Esta es tu realidad
así que deja de nadar.

Solo hazlo, me dice la espontaneidad.

NOS ACOMPAÑAMOS

Tu quietud me sorprende,
valoro tu fortaleza y mi corazón se desprende.

Así como las pequeñas hojitas
que caen y no regresan.
Pero nuevas llegan.

De pronto observo las flores violetas.
Allí están en la cima.
Donde la vista es circular y expuesta está.

Sigues firme y bella,
lista para continuar en la vida.
Junto a todos tus hermanos y hermanas.
Que te acompañan en esta aventura día tras día.

SOBRE LA AUTORA

Neysha Rodríguez Montalvo es natural de San Juan, Puerto Rico. Desde sus seis años resaltaba en la escritura en cursiva y reflejaba el amor por las letras.

Estudió Educación Comercial en la Universidad de Puerto Rico, Recinto de Río Piedras. Sus inicios en la radio local la llevaron a desarrollarse como motivadora con propósito, siendo proclamada como Neysha Fluye. Comparte en los medios sociales su historia de vida y sus vivencias de sanación.

Fue escogida como Women Leaders en 2015 por la Revista *Índice*. Además, en el 2016 fue seleccionada para representar por primera vez a nuestra Isla en el programa internacional de empresarismo social Balloon Chile. Sus experiencias altruistas la han llevado a recopilar un sinnúmero de anécdotas que la inspiraron como escritora.

En la actualidad ocupa el puesto de Directora de Comunicaciones de AIPEH PR, Asociación Internacional de Poetas y Escritores Hispanos, Capítulo de Puerto Rico, y es colaboradora de la revista local digital *Talento*.

Made in the USA
Middletown, DE
08 September 2021